A MESSIEURS LES JOURNALISTES

DE TOUS LES PAYS.

Messieurs,

Ci-dessous est un article que je crois devoir vous soumettre, il peut servir à éclairer sur bien des événemens qui se sont passés en France depuis mil sept cent quatre-vingt-neuf jusqu'à ce jour.

Si, sans compromettre la tranquillité publique, vous le jugez digne d'être inséré dans votre journal, je vous prie de l'y insérer, ainsi que la présente. Je crois que ce serait un grand service à rendre au genre humain que de le faire connaître.

J'ai l'honneur de vous saluer.

DUPUIS DELARUE.

AVIS AUX PEUPLES

DE TOUTES LES NATIONS.

Le bruit qui a couru aux États-Unis sur le traité d'une alliance offensive et défensive, entre la France et l'Angleterre, au commencement de septembre 1830, semble dévoiler que le grand système de gouvernement, le plus aristocratique qui puisse exister, pour le malheur des peuples, est sur le point de se réaliser : celui que le haut commerce et la haute finance s'efforcent depuis long-temps de vouloir établir.

Ce projet de gouvernement fut, avant l'ouverture des états généraux, jeté furtivement en avant, et retiré de même des mains des députés réunis à Versailles, qui eurent l'air de n'y porter aucune attention ou de le ridiculiser.

Cette haute aristocratie commerciale et financière, le plus grand malheur que puisse éprouver l'humanité, qui, conjointement avec toutes les aristocraties, n'a cessé depuis, quatre-vingt-neuf, et ne cesse pas encore de conspirer contre la liberté des peuples et contre les rois ; cette aristocratie, dis-je, plus à redouter que l'aristocratie nobiliaire, qui, par caprice, ou par ostentation ou bienfaisance, prodigue son or ; tandis que l'autre l'enfouit dans ses coffres par avarice, ou ne le met en circulation que pour s'abreuver de la sueur des peuples, ne veut de rois que ceux qui suivront sa volonté et qui lui seront subordonnés en tout : elle veut des peuples qu'elle puisse fouler impunément, pour alimenter sa fortune et servir son ambition.

Tel est, peuples de toutes les nations, le but qu'elle se propose.

Qu'ils apprennent, ces aristocrates ambitieux de gouverner, qu'en eux seuls ne peut résider la volonté nationale, qu'ils ne sont que les dépositaires de la fortune publique, et non les mandataires privilégiés des peuples; et qu'abuser de la fortune qu'ils ont pour plonger la multitude dans la misère et corrompre l'esprit national, est un crime de lèse nation qui mérite le châtiment le plus sévère.

Peuples de toutes les nations, surveillez cette cruelle aristocratie, et ne souffrez pas qu'elle empiète sur vos droits; ils sont sacrés! et malheur à qui, tôt ou tard, y portera atteinte!

Lettres adressées aux diverses commissions du commerce et des manufactures nommées par le gouvernement et le commerce de Paris.

Paris le 21 mars, 1833.
A Messieurs du conseil du commerce.
Le 25 idem.
A la commission nommée par le conseil général du commerce.
Le 26 idem.
A la commission du conseil des manufactures.

Le 24 avril, idem.

A Messieurs de la commission du commerce de Paris.

Messieurs,

J'ai l'honneur de vous adresser la présente avec le préliminaire ci-joint, espérant qu'en les lisant avec attention, et sans être dominé d'intérêts particuliers contraires au bien-être de la classe la plus utile et la

SECONDE ÉDITION

DE

L'AVIS AUX PEUPLES

DE TOUTES LES NATIONS,

PRÉCÉDÉ de l'adresse à MM. les Journalistes de tous les pays;

Suivi d'une lettre inédite adressée aux diverses commissions nommées par M. le ministre du commerce et des manufactures et le commerce de la ville de Paris, ainsi que mes réflexions sur les malheurs et sur l'asservissement dont tous les peuples et tous les souverains sont menacés, par l'établissement universel du haut commerce et de la haute finance.

PAR DUPUIS DELARUE,

Ci-devant vérificateur principal des poids et mesures du département du Loiret, remplacé injustement et inhumainement en 1815 par un arrêté de M. Tallyerand, préfet du département; ancien architecte de M. le duc de Richelieu et de la ville de Tangarok en Russie; et ancien administrateur de l'hôpital d'Orléans, auteur du préliminaire du projet du système de finance et de commerce, et d'un projet de monument à ériger sur la place de la Bastille, adressé avec une pétition à M. Dupin, président de la chambre de la première session de 1833, laquelle pétition et les trois plans mentionnés, ont été soustraits à la connaissance de l'assemblée et à celle de M. Dupin, par l'intrigue et la mauvaise foi de son secrétaire particulier, qui retient les plans, malgré toutes les réclamations adressées à M. le président.

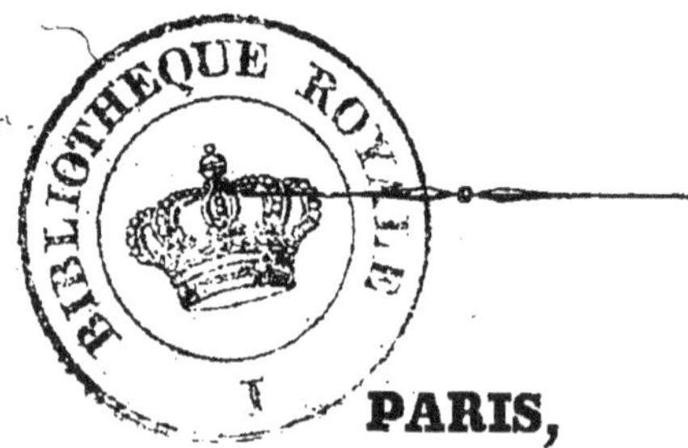

PARIS,

IMPRIMERIE DE PETIT,

RUE SAINT-DENIS, N. 380.

—

1835.

plus laborieuse, vous y verrez que cette classe, qui est les deux tiers de la population, ne vit que très-malheureusement, et ne saurait se procurer l'honnête nécessaire en vêtemens, ameublemens, et même en nourriture succulente, et assez abondante pour réparer et entretenir les forces dont elle a besoin pour supporter les pénibles travaux qu'elle exerce journellement : car il est au moins onze millions d'individus qui ne sont pas sûrs d'avoir cinq à six sous à dépenser par jour pour subvenir à tous leurs besoins ; et onze autre millions qui, pour les mêmes besoins, ne sont pas assurés d'avoir dix à douze sous tout au plus ; tandis que s'ils avaient le plus stricte nécessaire, non comprises les petites dépenses utiles à faire pour récréer et dissiper les hommes accablés des fatigues du corps et de l'esprit, cés vingt-deux millions d'individus dépenseraient huit milliards quatre cent soixante-trois millions huit cent mille francs, ce qui fait une différence énorme de cinq milliards trois cent trente six-millions, cent quatre vingt-mille francs. Cette différence en moins sur la consommation qui devrait se faire dans l'intérieur au profit et à l'avantage du commerce, s'augmenterait encore bien davantage, en raison de l'aisance de la population et de son accroissement.

Alors, Messieurs, vous conviendrez qu'une masse aussi considérable d'individus qui ne consomme pas, ne saurait faire aller le commerce intérieur, qui est celui par lequel on doit commencer avant tout. Vouloir toujours faire le commerce extérieur au détriment de l'aisance de la population, et négliger ses propres productions, que l'art et la science pourraient améliorer, pour ne fabriquer que des produits étrangers, c'est être ennemis de son prince et de sa patrie; décourager l'agriculture, et cruel envers ses concitoyens.

Si vous voulez la prospérité de la France et le bonheur de vos concitoyens , commencez par donner de l'aisance à tous les individus, au lieu de les appauvrir en leur diminuant leur salaire. Ces individus n'étant plus à charge à la société, ni avilis par des aumônes qu'ils sont contraints d'accepter, s'ils ne veulent être homicides d'eux-mêmes, payeront des impositions directes, et ne seront plus écrasés par les indirectes qui les ruinent de plus en plus; viendront au secours du gouvernement, et à la décharge de contribuables, et peu à peu se civiliseront et formeront de bons citoyens.

C'est le moyen de donner cette aisance que comporte mon projet. Il favorise le commerce d'exportation et d'importation, le fabricant et l'ouvrier; tous enfin sont assurés d'un bénéfice commercial, l'activité du commerce étant des plus grande, les ouvriers de tout genre feront une consommation qu'ils ne sauraient faire aujourd'hui, les bénéfices qu'ils feront charmeront leurs peines, au lieu d'être découragés, comme ils le sont, par la peine qu'ils ont pour pouvoir exister, peu à peu, l'abjection dans laquelle un grand nombre est plongé, par désespoir ou par insouciance sur leur qualité d'hommes, étant méprisé et rejeté de toute société, se retireront de l'abrutissement dans leque ils sont tombés, comme malgré eux; car, on pourrait plutôt en accuser les vices de la société actuelle qu'eux-mêmes.

Oui, messieurs, qu'eux-mêmes, si quelqu'un de vous tombait, aujourd'hui ou demain, dans la plus grande misère, pourriez-vous répondre que votre génération, qui ne trouverait aucuns moyens de se retirer de cette affreuse misère dans laquelle vos mal heurs l'auraient laissé, ne tombât pas elle-même dans le plus grand abrutissement, et ne se portât point aux excès les plus vils, et les plus déshonorans ; car la misère, qui engendre de plus en plus les maux les plus grands, est la source de tous les vices, et tel qui passe pour un parfait honnête homme dans l'opulence, serait peut-être le plus grand scélérat dans l'indigence, et voilà pourquoi l'on voit tant d'hommes se suicider.

Par intérêt pour l'humanité, pour la prospérité du commerce et les fortunes particulières, il est de plus essentiel de faire disparaître cette lèpre affreuse qui s'accroît de la manière la plus effrayante, qui, tôt ou tard, rongera et bouleversera la société. La nation ou le gouvernement peut remédier à tous ces maux. Je puis en fournir les moyens ; leur exécution fera le bonheur de la France et portera son commerce au plus haut degré de splendeur, malgré les guerres que pourraient nous susciter nos antagonistes ; et comme je l'ai dit à monsieur le duc de Richelieu, sur lequel je comptais beaucoup pour l'exécution de ce projet, j'ose vous affirmer que tous les moyens qu'on pourra prendre seront illusoires, si l'on ne donne de l'aisance à toutes les classes : le temps vous confirmera ce que j'avance ; mais il sera trop tard pour le bonheur du prince et de la patrie, de vouloir remédier aux maux que les fausses mesures auront provoqué. La richesse de la nation ne réside point dans les mains du plus petit nombre, mais bien dans l'aisance de toute la nation, et tout gouvernement qui, aujourd'hui, s'écartera de ce principe, court à sa ruine, compromet les fortunes particulières et la tranquilité de l'état.

Réfléchissez-y bien, Messieurs, si vous voulez avec sincérité le bonheur et la prospérité de la nation ; ne faites pas attention aux intérêts particuliers, ils sont toujours préjudiciables en tout. Souvent la cupidité, la mauvaise foi ; l'amour-propre et le manque de génie pour concevoir et approfondir les choses les plus simples et les plus utiles, les font rejeter sans examen, en disant : *vos intentions sont bonnes, mais je ne pense pas qu'elles puissent s'exécuter.* Cependant, j'avais dit que si l'on avait des observations à me faire, que l'on me les fît par écrit, que j'y répondrais de même. On n'en fit aucune, et l'on se contenta seulement de dire *que l'on ne pensait pas, etc.* Cette réponse me fut faite sous la signature du ministre du commerce de Bonaparte, par un sabreur de rapports, à tort et à travers, très-minime dans l'administration, à qui l'on envoyait souvent des rapports à faire.

Je ne relate ce fait que pour faire voir que le bonheur ou le malheur d'une nation, ou des particuliers, dépend souvent d'un dernier commis.

Puissent la présente être utile à mes concitoyens et à ma patrie, je m'estimerai heureux d'avoir provoqué leur bonheur.

C'est dans ces sentimens que j'ai, etc., etc.

DUPUIS DELARUE.

Mes réflexions sur les malheurs dont tous les peuples et les souverains sont menacés, par l'établissement universel du gouvernement du haut commerce et de la haute finance.

Lorsque les bras manquent pour les besoins réels ou imaginaires des riches, les populations laborieuses et industrielles sont heureuses, par l'indépendance qui rend tous le hommes égaux en droit, ayant tous besoin les uns et des autres ; elles sont heureuses, par l'aisance qu'elles acquièrent, et qui les met à même de s'instruire sur les devoirs qu'elles doivent suivre et les droits qu'elles doivent exercer dans la société, ce qui les civilise peu à peu; elles sont heureuses, par l'intérêt qu'elles ont de mériter la considération publique, pour pouvoir exercer honorablement leurs droits de citoyen, en évitant, par leur bonne conduite et leur économie, la misère qui les en éloignerait.

Lorsque les populations sont dans une aisance au dessus des besoins, et non avilies par des aumônes qui avilissent l'ame et la déforme, les jouissances des riches ne sont point jalousées, et font le bonheur de tous. Les classes se rapprochent les unes des autres, se confondent ensemble, et vivent en bonne intelligence, sans morgue, sans vanité ridicule de naissance, ni de fortune et de savoir.

Mais non, on préfère les voir tomber dans la misère la plus grande, et dans le plus grand abrutissement; on préfère les tenir dans la dépendance en leur faisant des charités qui les dégradent et les font tomber dans l'abjection la plus grande. Aussi, les aumônes, dans toutes les villes manufacturières, et de commerce, tant en France qu'à l'étranger, sont-elles considérables et en pure perte pour le bien-être des individus qui les reçoivent, et pour la prospérité du commerce.

Le nombre des indigens est si grand, que la portion que reçoit chaque individu, ne fait que lui prolonger, pour quelques mois ou quelques années, une triste et malheureuse existence qu'il désire voir terminer, tant elle lui est à charge. Tandis que la somme de toutes ces libéralités, qui souvent ne sont faites que par ostentation, pourrait être employée à les faire travailler et à les payer proportionnellement aux dépenses honnêtes et nécessaires pour l'existence et l'entretien de chaque famille, ce qui leur donnerait de l'aisance, qui influerait beaucoup sur les mœurs et sur le commerce, dût-on perdre toute cette somme sur les marchandises fabriquées, la société y gagnerait mille fois plus.

La masse des malheureux diminuerait peu à peu; chaque famille se trouverait à même de soulager ses infirmes et ses vieillards; les hôpitaux se videraient et diminueraient de nombre, au lieu d'augmenter toujours insuffisamment. L'aisance, l'instruction, la connaissance de ses droits et de ses devoirs marchant ensemble, formeraient de bons citoyens qui, par la suite, feraient rentrer dans le néant cette tourbe d'ambitieux et d'intrigans, qui ne vit et ne s'engraisse que de la sueur et du sang du peuple.

Mais cette manière de penser et d'agir ne convient nullement aux enorgueillis de leur naissance, de leur fortune, ou de leur savoir, comme écrivain ou orateur, à quelques exceptions près, qui comme les artistes ont assez généralement l'âme élevée et incorruptible.

Les enorgueillis de leur naissance veulent l'aristocratie nobiliaire, et redoutent un despote judiciaire qui les punirait sévèrement des dilapidations des deniers publics, et des vexations qu'ils exerçaient autrefois et qu'ils voudraient encore exercer, en rétablissant les droits féodaux.

Les enorgueillis de leur fortune, qui, du tiers état qu'ils étaient, c'est-à-dire roturiers, se croient déjà les nobles par excellence, sans en avoir aucun des sentimens, en contraignant tous leurs agens et leurs valets à porter des signes de servilité, veulent l'aristocratie financière et commerciale, et redoutent également le despotisme d'un seul, qui serait assez juste, comme pourrait l'être un gouvernement populaire; de ne faire tomber les charges et les besoins de l'état, que sur les classes riches et au dessus du besoin, comme étant les seules dépositaires de la fortune publique, proportionnellement à leur fortune. Ils redoutent tous gouvernemens qui les empêcheraient d'écraser les peuples et de s'enrichir à leurs dépends, par l'usure, l'agiotage et les accaparemens.

Les enorgueillis de leurs talens comme écrivains ou orateurs, aux exceptions près, veulent de la fortune, des places et des honneurs sous quelque gouvernement que ce soit. Ces caméléons, ces amphibies politiques, à qui toute pâture est bonne, pourvu qu'ils s'engraissent dans la fange pour dormir dans les fers, comme de vils esclaves, se *monstruosent* à volonté, sans pudeur et sans remords pour rassasier leur cruelle ambition et leur voracité, non aux dépens de leur honneur et de leur conscience, ils n'ont ni l'un ni l'autre, mais bien au dépend du bien être des nations, sont les êtres les plus dangereux par leurs discours emmiellés qui, le plus souvent, ne dénotent que l'hypocrisie la plus grande, et par leurs impudens sophismes, ils dénaturent, absorbent, dévorent et écrasent tout.

Ces trois classes d'hommes, quoiqu'ennemis entre elles sous le rapport politique, pensent de même, et seraient bien fâchés de voir l'aisance et l'instruction qu'elle facilitent, se répandre dans les populations. Pour elles, il faut que le peuple soit toujours peuple, qu'il ne puisse jamais marcher de front avec elles; leur amour-propre en souffrirait. L'ascendant qu'elles ont sur lui diminuerait peu à peu, et serait bientôt nul. Le bon sens des populations, leur indépendance et le savoir qu'elles acquerraient leur fait peur, sachant bien qu'elles feraient bientôt justice de leur mauvaise foi. Cette triple alliance craint qu'elles ne veuillent jouir de leurs droits. Toujours, lorsqu'il s'agit de son intérêt particulier à elle-même, elle a sur les lèvres le bonheur du peuple; mais au fond de son cœur elle le méprise, et l'éloigne de tout. Tout, depuis quatre-vingt-neuf, s'est fait au nom du peuple, et rien pour lui.

Pauvre peuple! tes espérances s'éloignent de plus en plus, quatre-vingt-neuf et dix-huit cent trente n'ont fait qu'accroître ta misère, toutes les espèces de monopole t'écrasent; s'il est des individus que ces révolutions ont enrichis, il en est beaucoup plus qu'elles ont appauvris. Frustré de tes espérances, tu as fait ces révolutions au prix de ton sang et de tes illusions de bien-être; pauvre peuple, tu seras toujours peuple comme ces heureux du siècle l'entendent, si la providence n'y met la main.

Lorsque les bras excèdent les besoins réels ou imaginaires des riches, les populations industrielle et laborieuses sont des plus malheureuses, des plus dépendantes et des plus avilies. Elles tombent dans le plus grand abrutissement. Sans travail, sans pain, sans vêtement, à charge à elles-mêmes, au gouvernement et à la société, elles se trouvent à la merci de quiconque en veut tirer parti. Les uns les font travailler à vil prix, pour entrer en concurrence avec les fabriques étrangères dans les exportations et les consommations de l'intérieur; les autres, en leur faisant faire des choses contraires au bon ordre et à la tranquillité publique, ou à faire des services dégradans, indignes d'hommes de bien. Les uns ou les autres, leur font faire tout ce que la justice humaine et divine ne saurait permettre. En un mot, elles deviennent pour les hommes cupides et avides de richesses, des instrumens de fortune inouis, faites au prix de la faim et des besoins des ouvriers; elles deviennent, pour ceux qui ont un intérêt à troubler la tranquillité publique et inspirer la terreur, un instrument de désordre et de vengeance; elles deviennent, pour les infracteurs aux lois, pour les ambitieux et les jaloux du pouvoir, un instrument de la plus grande tyrannie, suivant la passion dominante des uns ou des autres.

Dans cet état de chose, le haut commerce et la haute finance, loups-cerviers, comme les a nommés dans un temps un homme qui, aujourd'hui, dans un poste éminent, cherche à les imiter, en les appuyant de son astucieuse et cruelle éloquence, font des bénéfices immenses, envahissent la fortune publique, et mettent les peuples et les gouvernemens à leur discrétion. Le déficit le plus effrayant des finances est pour eux la plus précieuse mine d'or. Avec ses produits, ils font faire les lois et gouvernent indirectement; c'est là leur ambition, et ce qu'ils appellent gouvernement constitutionnel.

Ils deviennent durs et inhumains; ils ne sympathisent plus avec les populations; l'abrutissement dans lequel ils les ont plongés leur sert de prétexte et d'excuse pour les mépriser, et les éloigner de tout. Suivant la manière de penser de ces cruels égoïstes, l'opprobre de l'humanité, il n'est pas possible qu'un homme sans fortune puisse avoir du bon sens et de l'esprit. C'est une brute, qu'il faut énerver pour la rendre docile, sans quoi on ne pourrait en rien faire. Il n'y a qu'eux et leurs amis qui soient dignes de penser et de remplir des emplois; eh! Dieu sait de quelle manière la plupart les remplissent! Enfin, il est de l'essence du haut commerce et la haute finance de tout accaparer, même le pouvoir suprême. La révolution de 1830 en est un exemple des plus marquans. Cette révolution, ils la crurent faite dans leurs intérêts. Le ministère d'alors voulut la confisquer à son profit, comme l'ayant faite lui-même; mais des intérêts contraires et particuliers l'arrêtèrent dans ses projets. Et pour s'être éloigné de l'esprit et du désir national, il a porté le coup le plus funeste aux révolutions de quatre-vingt-neuf et de dix-huit cent trente. Voilà les hommes dont on vante tant le patriotisme.

Si leur ambition se réalise en France et en Angleterre, tous les peuples et tous les gouvernemens seront bientôt sous leur domination. Ce système est en perspective chez toutes les nations commerçantes, c'est un réseau qui les enveloppera toutes, si l'on ne le brise. Il a déjà été détruit en des mains très puissantes; il faut espérer, pour le bien de l'humanité, qu'il en sera de même aujourd'hui : le bonheur des peuples le réclame impérieusement.

Autant le commerce est utile pour la prospérité des nations et la civilisation des peuples, lorsqu'il commence à l'intérieur, et qu'il ne se fait à l'extérieur que sur l'excédant des produits du sol et de la main-d'œuvre, autant il est nuisible et des plus funeste, pour leur moralité et leur bien-être, lorsqu'il se fait à l'extérieur par des exportations des produits du sol et des manufactures, au détriment des besoins du peuple et de l'aisance nationale.

L'aisance des populations manufacturières dérive de la multiplicité des petites fabriques, comme l'aisance des populations agricoles naît de la division des grandes propriétés. Par conséquent, vouloir toujours établir des grandes fabriques au détriment des petites, c'est vouloir détruire l'aisance de plus en plus, et faire tomber les populations dans la plus grande misère, misère qui appelle la misère de plus en plus ; c'est vouloir concentrer les peuples dans des cloaques physiques et moraux, nuisibles aux bonnes mœurs et à la santé; c'est vouloir abrutir les populations et les porter au désespoir : crime le plus capital que l'on puisse commettre envers une nation.

Ce cas est celui où se trouvent maintenant la France et l'Angleterre. Ces deux populations y sont d'autant plus malheureuses, que le commerce, les grandes fabriques et les grandes propriétés de ces deux puissances y sont plus grandes. Cet exemple de l'abus du commerce et des grandes propriétés, doit donner l'éveil à toutes les nations qui veulent éviter la misère et vivre dans l'aisance, fruit de leurs travaux; et à tous les gouvernemens, qui veulent la paix, en évitant les guerres intestines du pauvre contre le riche.

Le moyen de prévenir ces abus, sans nuire aux intérêts de qui que ce soit, serait la division des terres et des grandes propriétés en raison de la population, avec une forte réserve pour l'accroissement de la population à venir. A la mort de tous possesseurs de terre, ou de grande propriété, tous les héritiers qui ne seraient pas possesseurs de terre ou de propriété, pour eux et leurs enfans, accordé par la loi, ne pourraient conserver, de leur héritage, pour eux et leurs enfans, que les portions voulues par la loi. Le surplus serait vendu au profit des héritiers. La même chose, s'exécuterait à la mort de tous possesseurs de terre ou de propriété qui auraient hérité de leurs enfans. Les terres, ou les propriétés qui ne trouveraient pas d'acheteurs seraient acquises par la nation, qui les vendrait par portion, au fur et à mesure qu'il se trouverait des acquéreurs. Elle pourrait aussi donner des portions en récompense de bonnes actions à ceux qui n'en auraient pas encore, le surplus serait affermé; le

produit de ce fermage servirait à alléger les impositions.

Les gouvernemens despotiques d'un seul, sous
lesquels les peuples sont heureux, libres de pensée
et d'action, non contraire au bien-être de qui que
soit; hors de la domination des ambitieux et des
spéculateurs usuriers et monopoleurs, sont assuré-
ment les meilleurs de tous les gouvernemens; mais
où en trouver qui soient infaillibles et de durée, cela
est impossible, l'homme n'est point un Dieu. S'il est
des hommes humains qui ne se croient à la tête des
peuples que pour les rendre heureux, et qui punissent
leurs oppresseurs, ils sont bientôt anéantis. Tout ce
qui possède puissance et fortune les redoute et
conspire contre eux; tous veullent participer au
pouvoir, ou se l'approprier, pour faire retomber les
charges et les besoins de l'état sur le peuple. Sous
leurs coups, Henri IV a succombé, et les économies
qu'a voulu faire Louis XV l'ont perdu.

Sous l'empire le plus despotique et brillant de
Bonaparte, qui eut la témérité de vouloir faire rétro-
gader la révolution, en créant sa nouvelle noblesse
et le sang le plus pur, on ne cessait de lui parler du
commerce. Dans son impatience, il demandait, mais
qu'est-ce donc que le commerce dont on me parle
tant? On aurait pu lui répondre, que c'était l'art
d'appauvrir les peuples, de les subjuguer, et de détrô-
ner les rois. Avec ses quatre ou cinq cent mille
bayonnettes, il était loin de penser à ce qui lui est
arrivé.

Il est donc de l'intérêt des peuples, et même de
tous les gouvernemens, de surveiller cette cruelle
aristocratie, pour qu'elle ne se fonde pas sur leurs
ruines. Les peuples veullent être heureux, dégagés
de toute servitude et de toute oppression. Ils veu-

lent vivre en paix, et jouir du fruit de leurs travaux et de leurs droits. Ce sont là leurs maximes, ce sont elles aussi que les peuples et les gouvernemens doivent se hâter de mettre en pratique, s'ils ne veulent être envahis par cette cruelle et exécrable puissance du haut commerce et de la haute finance, qui mine sourdement, ronge et dévore tout ce qui les entoure. Dans l'Inde, le sort des Indiens, sous l'oppression de la cupidité du commerce anglais, en est un exemple frappant, tout a fléchi, tout a été écrasé sous leur poids.

Les hauts commerçans et les hauts financiers n'ont pas de patrie. Lorsqu'ils s'introduisent chez les nations, ils finissent par étouffer ce sentiment patriotique, qui naît naturellement chez les peuples, en les écrasant de misère. Ils n'ont de sympathie qu'avec leur coffre-fort. L'or éteint chez eux tout sentiment d'humanité ; aussi le plus grand législateur qui ait existé sur la terre, a-t-il dit, qu'il était aussi difficile à un riche d'entrer dans le royaume des cieux, comme à un chameau de passer par le trou d'une aiguille.

Ce législateur suprême, qui connaissait bien les hommes, savait bien que le riche, qui ne connaît de Dieu que son or, s'inquiétait fort peu du royaume des cieux. Que son royaume, à lui, est de ce monde ; qu'y jouir exclusivement de tout et commander en souverain, est pour lui le bonheur suprême. Que pour cela, il fallait qu'il n'écoutât pas le cri de sa conscience ; que si elle lui faisait quelque reproche, il fallait l'étouffer comme provenant d'un vice d'éducation et d'erreur qu'on lui avait inculqué dans sa jeunesse, et n'y pas croire ; que de semblables maximes étaient dangereuses pour la tranquillité des consciences des honnêtes gens ; qu'elles n'étaient bonnes que pour le vulgaire, afin de le maintenir dans la subordination. Aussi, ce grand législateur a-t-il été victime de sa vindicte, comme l'ont été et le seront tous ceux qui lui diront des vérités de ce genre.

Ce systême d'égoïsme, d'usurpation de fortune et de pouvoir, s'accroît de la manière la plus effrayante pour le malheur du genre humain, si la providence, que les auteurs de cet affreux système redoutent, tout en ne voulant pas y croire, ne l'arrête et ne l'anéantit, c'est ce que tous les gens de bien doivent espérer, pour déliver les peuples et les princes vertueux des malheurs qui sont prêts à les accabler; car je me plais à croire qu'il est parmi les princes, comme parmi les autres classes de la société, des hommes qui méritent d'être exceptés, et qui n'ont contre eux, d'après la conduite capricieuse et tyrannique qu'ont exercé la plupart des monarques qui se sont parjurés, que d'être nés dans ce haut rang. Qu'ils éloignent d'eux ce vil ramas de courtisans perfides et rampans, qui les dépravent et les font détester, ainsi que tous ces ambitieux sans pudeur et sans honte, qui veulent gouverner en leur nom, ils seront adorés.

Puissent tous les peuples et les bons princes se pénétrer de ces vérités, se réunir pour faire le bonheur commun, et mettre ces ignobles Crésus dans l'impossibilité de faire le malheur des nations, sans avoir recours à des punitions aussi exemplaires que cruelles, que celles qui ont existé autrefois contre les usuriers, les accapareurs et monopoleurs.

Il existe encore dans une des plus anciennes ville de France, des maisons au haut desquelles sont scellées des potences en fer portant un grand anneau qui servait à accrocher une cage en fer, dans laquelle on mettait l'usurier ou l'accapareur mourir de faim. Ce cruel supplice, qui est celui du tallion, n'a pu être mis à exécution qu'après des malheurs inouis, qui ont forcé les princes ou les peuples à exercer cette terrible punition.

Il serait bon de faire entrevoir, aux fauteurs des mêmes crimes, cette punition si grande et si exemplaire, cela les empêcherait, peut-être, de continuer ce vil, cet abominable et cruel commerce, qui a toujours été l'origine des malheurs de l'espèce humaine, du bouleversement des empires et de leur destruction. L'insociabilité des riches et des monopoleurs de tout genre, doit éveiller l'attention des gouvernemens. Il est plus que temps, en France comme partout où ce système dévastateur domine, de prévenir tous les malheurs qui en découlent ; il n'y a que la nation française qui puisse les détourner. Ce service rendu à l'humanité, fera le complément de sa gloire, tous les peuples ont le yeux fixés sur elle, et attendent d'elle ce bienfait, comme étant la seule capable, par sa puissance et son énergie, de mettre fin à leur malheur.

Le moyen d'y réussir est bien simple pour des gouvernemens consciencieux qui auraient à cœur de faire le bonheur des peuples ; mais comment s'en faire entendre et où les trouver ? Lorsque le système de la plus grande corruption et de la démoralisation la plus grande sera en vigueur dans les prétendus gouvernemens constitutionnels imités de l'Angleterre, celui dont les populations mêmes, par une habitude de servilité, sont fautrices, de n'accorder de mérite et d'honneur, le plus souvent non mérité, qu'à la fortune.

Aussi, pour l'avoir, ce mérite et cet honneur, rien ne coûte à faire aux âmes viles et corrompues ; tous les moyens sont bons pour satisfaire leur cupidité et leur ambition. Les parjures les plus horri-

bles, les mensonges les plus exécrables et les plus
prémédités, pour abuser du pouvoir ; les bassesses les
plus dégradantes, pour tout homme de bien ; les
larcins les plus grands, dont on ne rougit point ; les
empoisonnemens par ambition ; par vindicte ou par
cupidité ; les assassinats juridiques complotés ou ca-
chés ; enfin, le cri de la conscience, qui, bon gré
malgré se fait entendre au fond du cœur le plus dé-
pravé, tout est sacrifié à l'ambition de la fortune et
des honneurs. Tant qu'existera cette horrible corruption, qui est la base sur laquelle les prétendus
gouvernemens constitutionnels cherchent à se fonder,
elle sera la source des maux incalculables qui affli-
geront les nations. L'alternative des populations laborieuses, mercantiles et industrielles, sera la mort,
ou une misère beaucoup plus affreuse que l'esclavage.
La corruption ôtée, les maux disparaîtront.

Il faut l'espérer, ce système de gouvernement cor-
rupteur anglais, et aristocratique, ne se perpétuera
point en France ; il viendra un temps où il tombera de
lui-même, malgré toutes les manœuvres des ambitieux
du pouvoir. La liberté de la presse, la bonne foi de
la masse de la nation trompée et éclairée, et son hor-
reur pour de semblables forfaits, en feront bientôt
justice, en signalant et couvrant de mépris tous
les mauvais citoyens, quels qu'ils soient, qui auraient
vendu leurs consciences, ou dilapidé les deniers publics au détriment de la nation ; c'est un devoir que
tout bon citoyen doit remplir, pour bannir de
France, à perpétuité, cette affreuse corruption gou-
vernementale qui se propage et démoralise tout,
crime capital qui devrait être sévèrement puni.

Je m'arrête ; il y a trop à dire sur le dangereux
système de gouvernement que le haut commerce et
la haute finance s'efforcent, depuis la convocation

des états généraux jusqu'à présent, de vouloir établir. Pour y parvenir, Néker, ministre des finances, fit adopter le double vote du tiers état, afin d'égaler en nombre les députés du clergé et de la noblesse, ce qui paraissait juste alors : mais aujourd'hui que ce gouvernement se croit bien établi, cette poignée de vautours se croit seule apte à représenter la nation, et met la justice de côté.

Si l'on réfléchit sur tous les événemens malheureux qui ont affligé la France et l'Europe pendant la révolution, et jusqu'à ce jour, on verra que le lévier de ce gouvernement est des plus puissans ; qu'il se prolonge partout en Europe, et même en Amérique et dans l'Inde, et qu'il soulève tout. Voilà ce que produisent les abus du haut commerce et des grandes fortunes financières. Non seulement elles sont dangereuses pour tous les souverains , mais encore aussi nuisibles aux populations laborieuses, industrielles et mercantiles que le sont les grandes propriétés territoriales aux populations agricoles.

Le moyen d'empêcher tous les malheurs qu'ils provoquent par leur insatiabilité de fortune et leur inhumanité, et de mettre un frein à leur usure et à leur monopole, est de faire participer toute la nation aux bénifices commerciaux suivant la fortune et la capacité de chacun.

Ce système de commerce et de finance, conçu en l'an sept, dans l'intérêt des nations écrasées sous le monopole anglais, au préjudice du commerce français, est des plus simples et d'une exécution facile, si l'on en éloigne un état-major qui entrave et dévore tout sans aucune utilité ; ce système, dis-je, ne peut être regardé comme utopie, que par des hommes à courte vue qui ne voient que ce qui existe, et non ce qui peut exister ; que par des présomptueux de leur sa-

voir, se prévalant des places qu'ils occupent pour dé-
considérer, dans leur intérêt particulier et celui de
leur clique, tout ce qui ne vient pas d'eux, et tout ce
qu'ils n'ont pas pu s'approprier; que par des hommes interressés à voir les populations dans la misère
et l'abrutissement : malheureusement les hommes de
ces trois classes ne sont que trop nombreux, et voilà
pourquoi il est bien plus facile de faire le mal que le
bien. Aussi, sait-on bien en tirer parti, pour un intérêt contraire au bien-être des populations malheureuses.

Si ce projet eût été mis à exécution au lieu de
chercher à faire une descente en Angleterre, c'eût
été la guerre la plus funeste qu'on eût pu faire aux
Anglais, et on n'aurait point à lutter aujourd'hui
contre leur sympathie avec le haut commerce et la
haute finance de France, qui ne sympathisent ensemble que par l'ambition qu'ils ont de gouverner l'uniuers
et de mettre tous les peuples sous leur domination.
Tant que durera cette sympathie, ils flatteront et ca-
resseront la France pour obtenir d'elle ce qu'ils dé-
sirent, et sitôt qu'ils l'auront, ils chercheront à l'é-
craser, s'ils ne peuvent la détruire.

Les peines, les malheurs, les souffrances et la misère
des populations laborieuses, industrielles et mercantiles, me navre le cœur; depuis long-temps j'ai cher-
ché les moyens d'améliorer leur sort. Mes efforts, mes
sacrifices, mes tentatives, auprès de tous les gouvernemens qui se sont succédés depuis l'an sept, ont
tous été vains, il semble que l'on serait fâché de voir
les peuples sortir de l'abrutissement où ils sont tombés,
et où ils tombent tous les jours malgré eux, dans la
crainte de ne pas trouver en eux des hommes affamés
qui puissent travailler pour un morceau de pain. Qu'on
se rassure, il n'y en aura toujours que trop, malheu-

reusement. Mais ce trop, ne serait point en droit de murmurer de sa position, et aurait au moins l'espérance d'en sortir par une meilleure conduite, que l'épreuve de la misère et le désir de se réintégrer dans l'estime de ses concitoyens, lui suggéreraient; espérance que l'on ne saurait avoir aujourd'hui. Malheur à celui qui tombe dans cet état, il aura beau faire, rien au monde de ce qu'il pourra faire par lui-même, ne sera dans le cas de l'en retirer. Il faudra qu'il vive lui et les siens de plus en plus dans la misère, et y mourir de peines et de besoins. Voilà la perspective qu'offre aux malheureux le commerce d'aujourd'hui. Tous les bénifices sont pour lui, et la plus grande misère pour les agens de sa fortune.

Cette injustice, cet égoïsme est des plus affligeans pour l'humanité, tandis que l'on pourrait faire aisément le bonheur de tous ceux qui voudraient en profiter, sans compromettre les intérêts de qui que se soit si ce n'est celui des usuriers, des accapareurs et des monopoleurs, encore, seraient-ils assurés d'un bénifice commercial, comme le seraient tous ceux qui voudraient travailler, vendre, faire des exportations ou des importations. Les seuls usuriers, monopoleurs et accapareurs sont atteints pour le bonheur et l'avantage de tous. Mais non, malheureusement, ce sont ceux-là même qui s'y opposent et qui s'y opposeront toujours, jusqu'à ce que les malheurs qu'ils provoquent soient arrivés, à moins que la nation ou le gouvernement veuillent faire le bonheur de la France malgré eux. C'est ce qui est à désirer, et ce que l'on doit se hâter de faire, pour faire crouler cet affreux systême de gouvernement de la haute finance et du haut commerce.

DUPUIS DELARUE.